IRISCHE SEGENSSPRÜCHE

Herausgegeben und mit einem Vorwort
von Wolfgang Poeplau

P H
V

Jeden Tag ein Lied zu singen

Der beste Platz auf Erden ist eine ferne Insel, die in den alten Büchern Scotia genannt wird. Ein Land, reich an Gold, Silber und Edelsteinen, mit günstigem Klima und fruchtbarem Boden."
So schrieb Bischof Donatus von Fiesole im 9. Jahrhundert über Irland. „Die herrliche Insel fließt über von Honig und Milch. Und ein Volk lebt dort, wie es kein zweites gibt: kriegserfahren, friedenswillig und fest im Glauben."

Als die ersten Missionare im 5. Jahrhundert die Insel betraten, nahmen die keltischen Einwohner die christliche Lehre bereitwillig an. Sie, die als eines der wenigen Völker in Europa keine römische Fremdherrschaft erleben mußten, die keine Zwangsmissionierung im Rahmen von Eroberungszügen christlicher Herrscher erfuhren, sahen im Christentum eine Bereicherung und Erhellung ihrer Kultur. Keltentum und christlicher Glaube gingen eine enge Verbindung ein, symbolisiert in der Form des irischen Kreuzes, das den Kreis, das Symbol der Sonnengottheit, mit den Kreuzesbalken kombiniert.
In frühchristlicher Zeit gab es in Irland etwa 150 kleine Königtümer. Jedes hatte seinen eigenen Herrscher, doch waren sie fünf, später sieben Hochkönigen untergeordnet. Die Gesellschaft gliederte sich streng hierarchisch; vom Adel über die Freien bis hin zu Handwerkern, Bauern und Sklaven. Oft bestimmte die Größe der Viehherden Reichtum und Ansehen. Die Zugehörigkeit zu einem Familien- oder Stammesverband entschied weitgehend über das persönliche Schicksal. Man durfte seine sozialen und geographischen Grenzen nicht überschreiten. Eine Ausnahme bildeten die Angehörigen besonderer Stände, zu denen Rechtsgelehrte, Geschichtskundige, Ärzte, Goldschmiede, Musiker, Dichter und Druiden, die keltischen Priester, zählten. Sie durften sich frei auf der ganzen Insel bewegen und genossen den besonderen Schutz der Hochkönige. An der königlichen Tafel nahmen sie die ersten Plätze ein. Die Ausbildung in einer „Schule" dieser weisen Männer dauerte sieben Jahre, und wer etwas auf sich hielt oder gar König werden wollte, blieb zwölf Jahre.
Die irischen Hochkönige galten in vorchristlicher Zeit als „heilige Männer". Sie repräsentierten ihre Untertanen nicht nur gegenüber anderen Königen, waren oberste Richter und Kriegsherren, sondern stellten auch die Verbindung zur Unterwelt her. Einige Stämme leiteten ihre Abstammung auf das göttergleiche „Tuatha de Danaan", das Volk der Göttin Dana zurück, das in prähistorischer Zeit auf der Insel gehaust haben soll und noch heute im Geisterglauben des irischen Volkes weiterlebt.
Die christlichen Mönche sammelten alles, was sie über die Geschichte Irlands aus Legenden und Liedern entnehmen konnten, schrieben es auf und versuchten, die Einzelerzählungen in Zusammenhang zu bringen und in einen weltgeschichtlichen Rahmen einzubetten. Um dem Geschriebenen besondere Glaubwürdigkeit zu verleihen, benutzten sie eine Methode, der sich auch andere Geschichtsschreiber jener Zeit bedienten: sie brachten die irischen Könige und Helden der vorchristlichen Epoche in persönlichen Kontakt mit den Heiligen der Kirche. Entweder rief man die Toten zu diesem Zweck kurzfristig wieder ins Leben oder man verlängerte ihre Lebenszeit ein wenig, um zeitliche Unterschiede zu überbrücken.

Die Mönche in ihren kleinen Klausen, Schreibstuben und Eremitagen waren bienenfleißig. Eine ihrer Hauptbeschäftigungen war das Kopieren der Bibelhandschriften und Lektionare. Für die Abschrift eines Psalmenbuches brauchten sie oft nur wenige Tage. Und sie hatten eine Angewohnheit, fast könnte man sagen eine Unart, der wir heute viele Gebete, Fürbitten und kleine monastische Gedichte verdanken: wo sie weißes Pergament sahen, mußten sie es mit Buchstaben schwärzen. Da machten sie auch vor dem Rand einer Bibelseite oder dem Bucheinband nicht halt. Immer wieder finden wir neben Texten aus dem Alten und Neuen Testament kleine private Bemerkungen, Reime, Gebete oder die Anrufung von Heiligen. So versah beispielsweise ein Klosterschüler, der lange Wintermonate bei dürftigem Kerzenlicht Bücher abschreiben mußte, aus Freude über den ersten Frühlingstag einen Psalmenkommentar mit dem Ausruf: „Welch schöner Tag! Sonnenlicht bricht durch die Wolken, erhellt die Zeilen meines Buches."

Die irischen Mönche liebten die Psalmen. In ihren Gedichten und Gebeten findet man immer wieder Anklänge an die Lieder des Alten Testaments. Die irischen Mönche entwickelten jedoch auch neue Formen, die das keltische Erbe des Landes spiegeln. Ihre Verse sind von großer Frische, Vitalität und Originalität geprägt. Das unmittelbare Empfinden und Fühlen zu Papier zu bringen, nicht verstellt durch kirchliche Dogmen und philosophische Betrachtungen, war die Absicht dieser Priesterdichter. Sie schöpften ihre poetische Kraft aus der Schönheit der irischen Landschaft mit ihren Wäldern und Seen, ihren einsamen Hochmooren, zerklüfteten Küsten, grünen Wiesen und Weiden, ohne dabei in eine vordergründige Idylle zu verfallen. Der Boden war karg, das Wetter wechselhaft, die Menschen arm. Hungersnöte und Kriege suchten die Insel immer wieder heim. Aber dieses harte Leben entsprach dem Wunsch der Mönche nach Askese und absoluter Macht- und Anspruchslosigkeit. Sie wollten leben wie die Blumen auf dem Feld und die Vögel in den Zweigen. In Vorwegnahme eines franziskanischen Naturgefühls priesen sie in ihren Gedichten und Gebeten immer wieder den Gesang der Vögel. Selbst heute, so sagt man, können sich die Iren kein irdisches oder himmlisches Paradies vorstellen, das nicht von Vogelstimmen erfüllt wäre.

Die Mönche sahen ihr Vorbild in dem asketischen Leben der Einsiedler im heiligen Land und in Ägypten, den sogenannten „Wüstenvätern". Ihre Ordensregeln waren streng. Vom Kloster Bangor wird berichtet, dort hätten die Mönche ohne Unterlaß Tag und Nacht in wechselnden Chören gebetet und gesungen, und wer müde wurde oder einen falschen Ton sang, mußte mit Bestrafung rechnen. Oft beteten die Mönche zur Buße in einem eiskalten Bergbach stehend oder mit ausgebreiteten Armen. Viele zogen sich als Eremiten auf einsame Inseln an der Küste oder in die Wildnis der irischen Berge zurück. Andere wiederum machten sich auf, um in der Fremde als Missionare zu wirken, in erster Linie im heidnischen Schottland und in Northumbrien, wo sie Klöster gründeten, aus denen Missionare wie Kilian, Corbinian, Emmeran und Alkuin hervorgingen. Ihr Eifer kannte keine geographischen Grenzen. Gräber irischer Mönche findet man in ganz Europa und sogar auf Grönland.

Was ist geblieben von der keltischen Kultur Irlands? Am leichtesten findet man das keltische Element in den Werken der Dichter und Sänger. Es ist lebendig in alten Segenssprüchen und moderner Lyrik. Es lebt weiter in den Liedern der Sänger, die man in den kleinen irischen Gasthöfen antrifft, es bestimmt mit seiner Naturmystik noch immer das Leben der Bauern in den entlegenen Moorgegenden Donegals und Mayos oder den Alltag der Fischer auf den vorgelagerten Inseln. Immer ist die irische Lyrik von einer gewissen Schwermut geprägt. Ein altes Wort im walisischen Keltisch, das man nur schwer übersetzen kann, heißt „hiraeth". Es kann „Sehnen" bedeuten oder auch „Heimat". Dahinter verbirgt sich die Sehnsucht nach dem „Land der Seligen", nach einem Ort des Glücks und der ewigen Jugend, den man nicht auf der Landkarte, sondern nur im Herzen finden kann.

Wolfgang Poeplau

Im Schutze Gottes

Ich lege an
die Kraft des Himmels,
das Licht der aufgehenden Sonne,
die Strahlen des bleichen Mondes,
den Glanz des Feuers,
den Schrecken des Blitzes,
die Macht des Windes,
die Tiefe der See,
die Beständigkeit der Erde,
die Härte eines Steines.

Ich lege an
Gottes Kraft als mein Steuer,
Gottes Macht als meine Stütze,
Gottes Weisheit als meinen Weg,
Gottes Auge als mein Sehen,
Gottes Ohr als mein Hören,
Gottes Wort als meine Sprache,
Gottes Hand als meinen Schutz,
Gottes Weg als meine Straße,
Gottes Schild als meine Waffe,
Gottes Engel als meine Wächter.
So bin ich geschützt.

8. Jahrhundert, unbekannter Verfasser

Wenn die Sonne sich erhebt

Freundlich hast du mich
aus dem Dunkel der Nacht
zum Licht des neuen Tages geführt.
Lob sei dir, guter Gott!
Segne diesen Tag und alle meine Tage,
die ich unterwegs bin zu dir.

Auf schmalen Straßen
komme ich zu deiner bergenden Burg.
Schütze mich auf dem Meer und auf dem Land,
wie du Brendan geschützt hast und Bran.
Ergreife ganz von mir Besitz
und flüstere dein Wort in mein Ohr.

10. Jahrhundert, unbekannter Verfasser

Spruch vor dem Gebet

Meine Knie beuge ich vor Gott,
meinem Schöpfer.
Ich beuge sie vor dem Sohn,
der mich erlöst hat.
Ich beuge sie
vor dem heiligen Geist,
der mich läutert in Liebe
und Freundlichkeit.

Verleihe mir, Herr,
deine Gnadenfülle
in meiner Armut,
gib mir deine Weisheit,
deine Güte, dein Lächeln.
Laß mich auf Erden
deinen Willen tun,
deinen Heiligen gleich
im Himmel:
in Schatten und Licht,
bei Tag und bei Nacht,
am Anfang und am Ende.

10. Jahrhundert, unbekannter Verfasser

Haussegen

Gott, segne die Welt und was sie erfüllt.
Segne das Haus und die es bewohnen,
segne meine Frau und meine Kinder,
segne meine Augen und meine Hände,
segne mein Aufstehen am Morgen
und mein Niederlegen am Abend des Tages.

Umgib mit Schutz meine Herde,
die Tiere, deren Hüter ich bin.
Wenn die Schafe den Hügel hinan
durch die Wildnis ziehen,
sei du ihnen ein Guter Hirte.

Volksgut

Armut und Reichtum

Die Stimme des Windes
geht durch den Wald
mit den grauen Wolken,
und das Murmeln der Quelle
zwischen den Steinen
ist herrliche Musik.

Wohl finden die Menschen Gefallen
an Vergnügung, Reichtum und Geld;
ich aber danke Gott für alles,
was ich durch seine Güte empfing.

Ich kenne keine Stunde,
da mich Sorgen quälen
und lautes Geschrei
und Streit der Menschen.
Die schöne Kiefer spielt auf für mich
und verlangt keine Bezahlung.
Niemals könnte ich ärmer sein
und dennoch so reich beschenkt
wie durch die Gnade Gottes.

9. Jahrhundert, unbekannter Verfasser

Gebet beim Weben

Segne, Herr, meinen Webstuhl in der Stube,
segne das Werk meiner Hände,
daß es gelinge in Schönheit.

Gegen die Mächte der Finsternis,
die mich umgarnen,
gegen Verwünschung und Hexenkunst,
hilf im Namen des seligen Kolumban.
Wache über die vier Pfosten
meines Webstuhls,
laß die Fäden nicht verwirrt werden,
laß schnell das Schifflein eilen
durch Faden und Stränge.
Gib Kraft und Ausdauer
der müden Hand.

Volksgut

Sonntagssegen

Ruhen sollen Egge und Pflug,
Ruder und Angelrute.
Keiner soll ins Bergland gehen
und den Tieren nachstellen,
niemand eine Lanze spitzen
wider seinen Nachbarn.
Kein Korn soll man dreschen
und selbst den Stall nicht misten.
Die Mühlen sollen stillestehen
und die Räder der Karren.
Möge niemand
den siebten Tag entweihen
und Seide und Fäden spinnen,
noch nähen und sticken.
Wer den Tag des Herrn achtet,
der möge Lohn empfangen.
Ruhe und Beständigkeit
möge er finden,
Freude und Zufriedenheit,
vom Untergang der Sonne
bis zum Aufgang.

Das ist der Spruch vom Tag des Herrn!

Volksgut

Ackersegen

Nun will ich gehen,
die Saat zu segnen.
Mit heiligem Wasser
will ich sie besprengen
im Namen des Vaters,
der alles Gute gibt,
im Namen des Sohnes,
der alles Leben verleiht,
im Namen des Geistes,
der alles mit Segen erfüllt.

Ich werfe den Samen
in die gute Erde.
Möge sie fruchtbar sein,
möge das Böse fernbleiben,
mögen die Stürme sie verschonen
und die Sonne sie wärmen.
Nichts soll auf Felsen fallen
und nichts am Wege verdorren.
Möge der Tau sanft herabsinken
und die Saat liebkosen.

Ich gehe nun, die Saat zu segnen,
dreimal gehe ich über den Acker,
dreimal über das Feld,
anrufend die Dreieinigkeit:
Gott gebe Wachstum für alles,
was unter der Sonne ist.

Volksgut

Frühlingssegen

Der Strom soll sich in den Wogen
vermengen mit der Meeresflut.
Das Segel soll im Wind stehen,
niemals soll der Mast brechen.
Die Lachse sollen zahlreich werden,
und die Netze immer gefüllt sein.

Der Regen soll vom Himmel
herabkommen,
der Weltenbaum soll Blüten treiben,
die Hügel sollen sich begrünen.
Schwärmen sollen die Honigbienen,
die Vögel sich in die Luft erheben.
Das Vieh soll fruchtbar sein
und sich vermehren,
der Wolf soll den Höfen fernbleiben
und der listige Fuchs.
Gerecht soll der König herrschen,
niemand das Schwert ergreifen.

Das Gute soll gegen das Böse streiten,
das Leben gegen den Tod,
das Licht gegen die Finsternis.
Groß sind die Kräfte Christi,
doch stark ist das Schicksal.
Immer sollen die Weisen nachdenken
über dieser Welt Trübsal.
Der Schöpfer allein weiß,
wohin die Seele gehen wird,
der rettende Vater.

9./10. Jahrhundert, unbekannter Verfasser

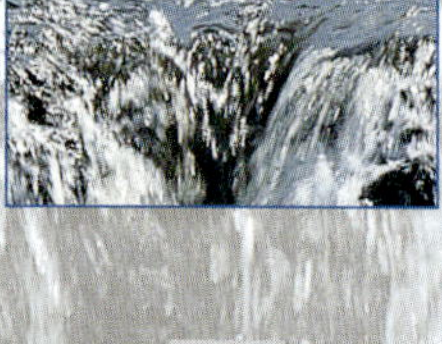

Gebet unterwegs

Gott sei mein Leitstern,
der wachsame Hirte
an meiner Seite.
Er soll mich stoßen
mit dem Stock
und ziehen
mit der Krümme.
Er führe mich alle Tage
bis an mein Ziel.
Er lasse mich einst
an einen Ort gelangen,
wo es keine Nacht gibt,
wo die Weisen nicht sterben
und die Gerechten
nicht umkommen,
wo man das Schwert ablegt
und die Rüstung.
Dahin will ich in Frieden gehn.

Volksgut

Segen vor der Seefahrt

Der du im Himmel wohnst,
die Tiefen der Meere kennst, brenne uns dein Siegel auf,
führe uns durch wilde Wogen zum sicheren Hafen.
Segne die Bootsleute und das Boot,
segne Anker und Ruder, Segel und Mast,
laß sie stark sein vor dem Wind,
damit wir heimkehren in Frieden.

Der ich das Steuer in Händen halte,
ich rufe dich an, du Gottessohn:
Sei mein Lotse, steh mir bei in Sturm und Flaute,
sei mein Kompaß, meine Karte,
leg Hand an das Ruder, Hand an die Segeltaue.
Du Gott aller Elemente, hilf!

Volksgut

Frohsinn und Freude

Deine Hände sollen immer Arbeit finden,
immer einen Groschen in der Tasche,
wenn du ihn brauchst.
Das Sonnenlicht soll
auf dein Fenstersims scheinen
und dein Herz voll Gewißheit sein,
daß nach jedem Unwetter
ein Regenbogen leuchtet.

Der Tag sei dir günstig
und die Nacht dir gnädig.
Die gute Hand eines Freundes
soll dich immer halten.
Und möge Gott dir
das Herz erfüllen
mit Frohsinn
und Freude.

Volksgut

Wenn du es willst

Zeige mir den Weg, König des Lichts,
denn ich bin allein in den Bergen.
Hätte ich auch dreitausend Mann
an meiner Seite,
der Tod würde durch ihre Reihen gehen
und mich treffen, wenn du es willst.
Denn es gibt keinen sicheren Ort auf Erden,
für jene, die für den Tod bestimmt sind.

Mögen Menschen mir nachstellen,
gierig nach meinem Besitz,
keine Macht haben sie über mich
und ihre Pläne müssen mißlingen,
wenn du es willst.

Wer anders kann den Lebensbaum mir fällen,
als du, des Himmels und der Erde König,
der Sommer und Winter gemacht hat.
Das Ende kommt, wenn die Zeit erfüllt ist,
und wir fallen ab wie reife Nüsse.

Was suchen wir Pilger ängstlich
die sicherste Straße,
wo doch nirgends Zuflucht ist,
nichts, was uns rettet vor dem Ende?

Auch wer dem Tode aus dem Wege geht,
kommt näher seiner Sterbestunde.

10. Jahrhundert, unbekannter Verfasser

JOHN
SARAH

Die Rune der Gastfreundschaft

Ein fremder Gast in meinem Haus:
Ich teilte mit ihm die Speise, ich bot ihm Wein zum Trank,
ich spielte ein Lied für ihn.
Und im Namen der Dreifaltigkeit
segnete er mich und mein Haus, mein Vieh und meine Lieben.

Und auf dem Dach die Lerche sang:
Oft, oft, oft
kommt Christ im Gewand eines Fremden.

15. Jahrhundert, Volksgut

Nach Rom?

Nach Rom zu pilgern
ist mühsam
und gering nur
der Nutzen.
Den König,
den du suchst,
wirst du dort
nicht finden,
es sei denn,
er ist dein Weggefährte.

9. Jahrhundert, unbekannte Verfasser

REISESEGEN

Möge der Weg dir
nicht zu lang werden,
der Wind niemals
gegen dich stehen,
Sonnenschein
dein Gesicht bräunen,
Wärme dich erfüllen.
Der Regen möge
deine Felder tränken,
Harm dein Haus verschonen.

Der Herr behüte dich
vor allem Bösen,
er behüte dein Leben.
Der Herr behüte dich,
wenn du fortgehst
und wenn du wiederkommst.

Bis wir zwei uns wiedersehen,
halte Gott dich schützend
in seiner großen Hand.

19. Jahrhundert, Volksgut

Der Lobpreis der Vögel

Hört nicht auf,
Gott zu loben.
Die Vögel singen
ohne Unterlaß
zu seiner Ehre
und wissen doch nichts
von einer Seele.

Hell singt die Lerche,
die Musikantin.
Kommt her
aus Zellen und Zimmern!
Hört nur, ihr Schnabel
ist voll Musik,
und die Sommerwolken
schimmern.

So will auch ich
die Psalmen singen,
auf daß mir Gott
den Himmel schenkt,
daß er mich ruhen läßt
in Frieden
und meiner Schuld
nicht mehr gedenkt.

Geburtstagswunsch

Was ich dir wünsche:
Daß jede Gabe Gottes
in dir wachse,
daß einen Freund du hast,
der deiner Freundschaft wert,
daß die Leuchte deines Herzen
dir den Weg weise,
und daß in Freud und Leid
Lächeln und Gesang
der Heiligen
dich begleiten mögen.

Volksgut

Gebet in der Krankheit

Ich rufe dich an,
Herr, mein König,
der du unser Wohl
auf Erden lenkst:
sechs Monate bin ich schon
ans Krankenbett gefesselt.

Ich lebe in finstrer Nacht,
ein gebrochener Mann
im eigenen Haus.
Meine Kraft ist dahin.
Ich schreie zu dir:
Vater im Himmel,
eile mir zur Hilfe!
Trübsinn lastet auf mir,
meine Augen sind
mit Ketten verschlossen,
aber ich hoffe,
König der Sterne,
daß ich sie öffnen werde
in deinem Reich.

In dieser Nacht,
O Gott,
Dank für dein Erbarmen!

11. Jahrhundert,
Mael Isu O Brolchain

Memento mori

Süßer Jesus, gnadenvoll,
bleib stets an unsrer Seite,
der du starbst am Kreuzesholz,
schütz uns im letzten Streite.

So voll der Milde, höre mich,
der Menschheit einzig Hoffen,
birg uns in der Dreifaltigkeit
und schließ den Himmel offen.
Die Weltenliebe ist dahin,
wie Tau im Sonnenscheine,
wir haben auf der großen Welt
am Ende keine Bleibe.

Bedenke Mensch, auch du bist nur
ein Baum im Sturm zuletzt,
bekleidet zwar mit Gold und Seide –
doch ist die Axt schon angesetzt.

14. Jahrhundert, Bruder Michael von Kildare

Ich wünsche dir Frieden

Ich wünsche dir den Frieden der Meeresdünung,
den Frieden einer sanften Brise, den Frieden der schweigsamen Erde,
den Frieden der heiligen Haine, den Frieden einer klaren Sternennacht.
Ich wünsche dir den Frieden Jesu Christi,
der unser Friede ist für alle Zeit.

10. Jahrhundert, unbekannter Verfassser

Kleine Amsel

Kleine Amsel,
wo in den Dornen
verbirgst du dein Nest?
Keine Glocke
ruft dich zum Gebet,
glückliche Einsiedlerin.
Aus einer anderen Welt
herüber zu mir
klingt dein lieblicher Gesang.

10. Jahrhundert, unbekannte Verfasser

Segen über ein neugeborenes Kind

Ich netze deine Stirn mit heiligem Wasser,
mit drei Tropfen netzte ich sie
und taufe dich im Namen der Dreifaltigkeit.

Kraft des Windes sei mit dir,
Kraft des Mondes und der Sonne.

Güte des Meeres sei mit dir,
Güte der Erde und des Himmels.

Liebe der Menschen sei mit dir
und Freundlichkeit und nie ein Harm.

Mögest du einst ruhen in weichen Kissen,
in den Händen des Herrn, deines Erlösers.

19. Jahrhundert, Volksgut

Der Herr sei dein Freund

Der Herr sei dein Freund,
der dir die Erde schenkte,
und den Himmel als Dach darüber.

Er mache deine Tage hell
wie das Glitzern der Gischt auf den Wogen,
weiß wie den Schnee in den Bergen,
wie das Wollgras im Feld,
wie das Gewand eines Engels.

16. Jahrhundert, unbekannter Verfasser

Jeden Tag ein Lied zu singen

O Herr, ich will an allen Tagen
ohne Ende Lob und Preis dir sagen.
Dir sei alle Herzensliebe geschenkt,
du Lehnsherr des Himmels und der Erde.

O Herr, ich will an allen Tagen
ohne Ende Lob und Preis dir sagen.
Großer Fürst, zeig mir den wahren Weg,
zu dienen und zu beten vor deinem Heiligtum.

O Herr, ich will an allen Tagen
ohne Ende Lob und Preis dir sagen.
Vater aller Menschen, die nach dir verlangen,
laß mich jeden Tag ein Lied für dich dichten
und höre es in Gnade an.

9. Jahrhundert, unbekannter Verfasser

Der Winter weckt mein Weh

Der Winter weckt mein Weh,
wenn die Blätter welken.
Oft seufze ich und trauere,
wenn ich nur daran denke,
wie dieser Welten Schönheit
zu Nichts vergehen wird.

Freude kommt und Freude geht,
als wär sie nie gekommen.
Wahr ist, was viele sagen:
Wir müssen sterben, gleich ob es uns behagt.
Nur Gottes Wille bleibt in Ewigkeit.

Der Wald wird grün, der Wald wird kahl,
Jesus, dies Gleichnis hilf uns sehen.
Bewahr uns vor der Hölle Pforten,
wir wissen nicht, wohin wir gehen.

14. Jahrhundert, unbekannter Verfasser

Segne meine Tage

Herr, segne den ersten Tag und den letzten.
Segne die Stunden, die mir vergönnt sind.
Meine Hände sollen segnen,
was sie anfassen.
Meine Ohren sollen segnen,
was sie hören.
Meine Augen sollen segnen,
was ihnen begegnet.
Segen komme von meinen Lippen.

Mein Nachbar sei gesegnet;
möge er auch mich segnen!

Herr, laß mich nicht aus deinen Augen,
deinen Händen, deinen Ohren, deinem Herz.
An diesem Tag und alle Tage dieses Jahres.

Volksgut

Im Angesicht des Todes

Herrscher der himmlischen Stadt,
strecke deinen Arm aus.
Christus, Erlöser der Welt,
halte deinen Schild über mich.
Michael, König der Engelscharen,
bereite einen sicheren Weg:

Wenn ich aufbreche
zum Hof des höchsten Königs.

10. Jahrhundert, unbekannter Verfasser

Für einen Sterbenden

Diese Seele legen wir
in deine Arme,
Christus, König der
himmlischen Stadt.
Diese Seele,
freigekauft von dir,
finde Frieden in deiner Hut.

Diese Seele
auf ihrem letzten Weg
soll Michael,
der starke Engel, führen.

Diese Seele,
zum Leben berufen,
gelange ins
Königreich des Herrn.

Amen.

Volksgut

Lege deine Hand unter mein Haupt

Lege deine Hand, O Gott, unter mein Haupt,
laß dein Licht leuchten über mir.
Der Segen deiner Engel schütze mich
vom Scheitel bis zur Sohle.

Gedenke nicht der Unzahl meiner Sünden,
richte nicht nach dem, was ich an diesem Tag getan.
Vergiß mich nicht, wenn du die Deinen zählst.

Der Segen Mariens komme über mich
und berge meine Seele in Frieden.
Starker Michael, schütze mich,
bei Tag und Nacht,
in jeder dunklen Stunde,
bis strahlend schön die Sonne
über den Bergen aufgeht.

Volksgut

Gesamtherstellung: Contzen Druck Multi-Media GmbH, Lünen

ISBN 3-87294-840-7